MÉTHODE DE LECTURE AVEC OU SANS ÉPELLATION

(**4e *Édition***) **Par A. GRESSE, ancien instituteur** (**1er *Tableau***)

Voyelles ou Sons

(Voir l'*Instruction* en tête du *Manuel de l'Élève*)

a o u i y

e é è ê

Exercice

a e o é u è i ê y

e o é u è i ê y e

o é u è i ê y e a

é u è i ê y e a é

u è i ê y e a é o

è i ê y e a é o è

i ê y e a é o è u

ê y e a é o è u ê

y e a é o è u ê i

Paris. — Chez l'Auteur, 2, rue Tronchet. Imprimerie de Ad. Lainé et J. Havard, rue des Saints-Pères, 19.

MÉTHODE DE LECTURE AVEC OU SANS ÉPELLATION

(4e *Édition*) **Par A. GRESSE, ancien instituteur** (2me *Tableau*)

RÉSUMÉ DU 1er TABLEAU

a e o é u è i ê y

Consonnes ou Articulations

Voir l'*Instruction* en tête du *Manuel de l'Élève*)

b c d f g h j k l

Exercice

b d c f h k l j g

k j l h g d f c b

d g h l j k b f c

k h j b c d f g l

Suite des Consonnes ou Articulations

(Voir l'*Instruction* en tête du *Manuel de l'Élève*)

m n p r s t v x z

Exercice

m t n v p x r z s

v n t p x r z s m

n v p x r z s m t

r m x s t n p v z

Paris. — Chez l'Auteur, 2, rue Tronchet. Imprimerie de Ad. Lainé et J. Havard, rue des Saints-Pères, 19.

MÉTHODE DE LECTURE AVEC OU SANS ÉPELLATION

(4e *Édition*) **Par A. GRESSE, ancien instituteur** (4me *Tableau*)

ALPHABET DES MAJUSCULES

A B C D E F G H I J K L M N O P Q R S T U V X Y Z

a b c d e f g h i j k l m n o p q r s t u v x y z

Mots à lire.

â ne	**a va re**	**aménité**
bê te	**bo bi ne**	**bénévole**
ça fé	**ca ba ne**	**carabine**
da me	**do ru re**	**divinité**
é pi	**é co le**	**émérite**
fê te	**fi gu re**	**filature**
gâ té	**ga lè re**	**galopade**
hô te	**ha bi le**	**habitude**
î le	**i do le**	**inanimé**
ju pe	**ju ju be**	**jacobine**
ké pi	**lé gu me**	**caravane**
lu ne	**mo dè le**	**latitude**
mè re	**na vi re**	**moralité**
no te	**o va le**	**négative**
pè re	**pa ru re**	**ovipare**
ra ve	**ra pi de**	**pédicure**
si lo	**sû re té**	**rapidité**
tê te	**tu li pe**	**sérénade**
vê tu	**u ni té**	**timidité**
zé ro	**vi pè re**	**unanime**
a mi	**a mè re**	**véhicule**
bo bo	**sa la de**	**zibeline**
ca ve	**ca na ri**	**tabatière**
du re	**se ri ne**	**libérale**
mi di	**do mi no**	**pyramide**
pâ té	**vé ri té**	**capitale**
ro be	**ca ra fe**	**parabole**

Phrases à lire.

Cora se lave la figure.
Sabine finira sa robe.
Jérôme se lève à midi.
Ovide polira une lame.
Zoé a vu la pyramide.
Papa a bâti la cabane.
Valère a tenu sa parole.
Sara a bu du café moka.
Zoé a lu une parabole.
Sabine dévida la pelote.
Zizi a tué le canari.
Zémire a une tulipe.
Caroline va à la cave.
Zoé a copié le modèle.
Valère a vu le navire.
Sabine ira à l'école.
Papa fumera sa pipe.
Zémire a vu une dame.
Sara habite la capitale.
Zoé a vu le képi de papa.
Jérôme me fera lire.
Caroline lave sa jupe.
Ovide a lu le volume.
Je lave la tête de bébé.
Sabine a vu la comète.
Polydore dira la vérité.
Simonide a sa parure.

Paris. — Chez l'Auteur, 2, rue Tronchet. Imprimerie de Ad. Lainé et J. Havard, rue des Saints-Pères, 19.

MÉTHODE DE LECTURE AVEC OU SANS ÉPELLATION

(4e *Édition*) **Par A. GRESSE, ancien instituteur** (3me *Tableau*)

ALPHABET USUEL

a b c d e f g h i j k l m n o p q r s t u v x y z

Syllabes formées d'une consonne suivie d'une voyelle

(Voir l'*Instruction* en tête du *Manuel de l'Élève*)

ba	be	bo	bé	bu	bè	bi	bê	by
co	ca	cu	co	ca	cu	co	ca	cu
de	do	dé	du	dè	di	dê	dy	da
fo	fé	fu	fè	fi	fê	fy	fa	fe
ga	gu	go	ga	gu	go	ga	go	gu
hé	hu	hè	hi	hê	hy	ha	he	ho
ju	jè	ji	jê	jy	ja	je	jo	jé
kè	ki	kê	ky	ka	ke	ko	ké	ku
li	lê	ly	la	le	lo	lé	lu	lè
mê	my	ma	me	mo	mé	mu	mè	mi
ny	na	ne	no	né	nu	nè	ni	nê
pa	pe	po	pé	pu	pè	pi	pê	py
re	ro	ré	ru	rè	ri	rê	ry	ra
so	sé	su	sè	si	sê	sy	sa	se
té	tu	tè	ti	tê	ty	ta	te	to
vu	vè	vi	vê	vy	va	ve	vo	vé
xè	xi	xê	xy	xa	xe	xo	xé	xu
zi	zê	zy	za	ze	zo	zé	zu	zè

Paris. — Chez l'Auteur, 2, rue Tronchet. Imprimerie de Ad. Lainé et J. Havard, rue des Saints-Pères, 19.

MÉTHODE DE LECTURE AVEC OU SANS ÉPELLATION

(4e *Édition*) **Par A. GRESSE, ancien instituteur** (5me *Tableau*)

Voyelles composées

(Voir l'*Instruction* en tête du *Manuel de l'Élève*)

o	**au**	**eau**
e	**eu**	**œu**
è	**ai**	**ei**
	ou	**oi**

Exercice

eau	**eu**	**œu**	**au**	**ai**	**ou**	**oi**	**ei**
œu	**oi**	**ou**	**ai**	**au**	**ei**	**eu**	**eau**
au	**œu**	**eu**	**ei**	**ou**	**oi**	**eau**	**ai**
eau	**ou**	**oi**	**eu**	**ei**	**au**	**ai**	**œu**

Syllabes formées d'une consonne suivie d'une voyelle composée

(Voir l'*Instruction* en tête du *Manuel de l'Élève*)

bau	**cou**	**dai**	**feu**	**goi**	**hei**	**jou**	**lai**
moi	**neau**	**peu**	**roi**	**sou**	**teu**	**vœu**	**zeau**
bai	**cau**	**dou**	**fai**	**gau**	**hoi**	**jeu**	**lai**
meu	**nœu**	**pai**	**rei**	**soi**	**tau**	**veau**	**zou**
beau	**cai**	**doi**	**fou**	**gou**	**hau**	**jei**	**leu**
mau	**nou**	**peau**	**rai**	**sei**	**toi**	**vœu**	**xeu**
bou	**cœu**	**deu**	**foi**	**gai**	**hei**	**jau**	**leau**
mai	**neau**	**pou**	**rei**	**sœu**	**tou**	**veu**	**zeu**
bœu	**cou**	**deau**	**fau**	**gou**	**hai**	**joi**	**lei**
meau	**noi**	**pau**	**reu**	**sai**	**tei**	**vœu**	**zeau**

Paris. — Chez l'Auteur, 2, rue Tronchet. Imprimerie de Ad. Lainé et J. Havard, rue des Saints-Pères, 19.

MÉTHODE DE LECTURE AVEC OU SANS ÉPELLATION

(4e *Édition*) **Par A. GRESSE, ancien instituteur** (6me *Tableau*)

ALPHABET DES MAJUSCULES ET VOYELLES COMPOSÉES

A B C D E F G H I J K L M N O P Q R S T U V X Y Z

au œu ou ei oi ai eau eu eau ai oi ei ou œu au eu

Mots à lire.

au be	au ro re	aubépine
bou le	bu reau	mémoire
cou pe	cou teau	capitaine
dau be	di zai ne	douzaine
é tau	é meu te	émeraude
fou le	ba lei ne	funéraire
gau le	gâ teau	godiveau
heu re	ha meau	honoraire
jeu ne	jou jou	louveteau
lai ne	li teau	monétaire
moi ne	mau ve	nouveauté
neu ve	ni veau	populaire
pou le	po teau	automate
rei ne	rou leau	séminaire
sau le	su reau	téméraire
tau pe	tau reau	monitoire
vei ne	voi tu re	amirauté
ai re	bou leau	luminaire
boî te	ha lei ne	lauréole
cou de	ri deau	militaire
dou te	ra meau	baleineau
fau te	beau té	locataire
gaî ne	a ca jou	numéraire
hi bou	ju meau	autorité
jou te	mai re	soucoupe
ne veu	é toi le	amadou
poi re	po lai re	maniveau

Phrases à lire.

Laure a vu une baleine.
J'irai à la foire de Beaucaire.
Hilaire coupera le rameau.
Pauline aura toute la peine.
Voilà le bureau d'acajou.
Madeleine a douté de toi.
J'ai coupé le beau rameau.
Émile aura le joli couteau.
Voilà une souçoupe neuve.
Ovide aura de la mémoire.
J'irai jeudi au séminaire.
Voilà le beau capitaine.
J'aurai une gaule de saule.
Ma voiture a suivi la route.
Macaire aura du gâteau.
Voilà le domaine de Laure.
Laure aime la nouveauté.
J'ai vu le hameau de René.
Je boirai de l'eau de Seine.
Pauline a vu le beau gâteau.
Coupe-moi la toile neuve.
J'aurai vu l'étoile polaire.
Laure a une robe de laine.
J'ai joué toute la semaine.
J'ai vu la reine de Bavière.
Laure sera jeudi à Pau.
Pauline a sa robe de moire.

Paris. — Chez l'Auteur, 2, rue Tronchet   Imprimerie de Ad. Lainé et J. Havard, rue des Saints-Pères, 19.

MÉTHODE DE LECTURE AVEC OU SANS ÉPELLATION

(4e *Édition*) **Par A. GRESSE, ancien instituteur** (7me *Tableau*)

Voyelles nasales

(Voir l'*Instruction* en tête du *Manuel de l'Élève*)

an in on un

Sons équivalents

an am en em
in im yn ym ain aim ein
on om
un um eun

Exercice

an	um	on	en	in	yn	om	em
un	ein	am	ain	ym	im	aim	eun
on	aim	um	an	eun	om	in	am
ein	em	un	ym	en	yn	un	ain

Syllabes formées d'une consonne suivie d'une voyelle nasale

(Voir l'*Instruction* en tête du *Manuel de l'Élève*)

ban	cun	din	fon	gam	hum	jom	lym
non	pain	rein	jeun	tein	van	sun	ton
bain	cam	don	faim	hon	sain	tem	gain
lym	mon	nain	pin	zan	son	ven	tein
bon	daim	cam	fin	gon	len	main	nain
rem	san	tom	vam	xin	bain	cum	den
gain	hum	lin	jam	mem	nim	syn	van
sem	tain	jeun	rein	bom	fum	dun	pin
men	vin	zam	jam	pein	fem	tym	syn
bain	don	faim	main	nom	pin	rein	vain

Paris. — Chez l'Auteur, 2, rue Tronchet. Imprimerie de Ad. Lainé et J. Havard, rue des Saints-Pères, 19.

MÉTHODE DE LECTURE AVEC OU SANS ÉPELLATION

(4e *Édition*) **Par A. GRESSE, ancien instituteur** (8me *Tableau*)

RÉSUMÉ DU 5e ET DU 7e TABLEAU

au œu ou ei oi ai eau eu ai eau oi ei ou œu au eu

an ym on in en yn om im un ein um am ain eun em aim

Mots à lire.

an se	an dain	enfantin
bon té	bou din	invendu
con te	can ton	colombe
din de	de main	manteau
en té	gou jon	peinture
fen te	hu main	suzerain
gan té	jam bon	confiture
hon te	lam bin	pantalon
mi lan	men ton	sainteté
li non	pou lain	fantôme
lun di	ro main	gambade
la pin	tym pan	tempête
pen te	bon bon	bandeau
ron de	mou ton	timbale
san té	pin son	fontaine
tan te	mou lin	amande
ven te	hau tain	symbole
bon de	bou ton	fanfaron
dan se	pan tin	teinture
sa pin	ron din	syncope
fein te	tam pon	tombeau
gan se	cou pon	empire
in du	din don	lambeau
pin te	fo rain	ouragan
ren te	ma man	peloton
ten te	nan kin	gondole
bâ ton	rom pu	pendule

Phrases à lire.

J'ai un pantalon de laine.
Mon vin nouveau sera bon.
Papa le goûtera demain.
Simon aura un manteau.
Napoléon fonda un empire.
Antonin aime la peinture.
Maman sera lundi à Lyon.
Romain a vendu le moulin.
Valentin aura le poulain.
Je t'ai rendu ton coupon.
Olympe tomba en syncope.
Paulin a pansé le poulain.
Siméon aura une timbale.
Ma tante répéta le symbole.
Aubin a rompu mon bâton.
Simon boira à la fontaine.
Antoine a un ruban de laine.
Je monte la lampe du salon.
Voilà le tombeau de Léon.
J'ai entendu un gai pinson.
Romain a coupé le bouton.
J'ai un pantalon de nankin.
Léon montera mon poulain.
J'ai remonté ta pendule.
J'ai entendu le son du canon.
J'aurai demain un melon.
Paulin sera lundi à Mâcon.

Paris. — Chez l'Auteur, 2, rue Tronchet. Imprimerie de Ad. Lainé et J. Havard, rue des Saints-Pères, 19.

MÉTHODE DE LECTURE AVEC OU SANS ÉPELLATION

(4e *Édition*) **Par A. GRESSE, ancien instituteur** (9me *Tableau*)

Consonnes composées

(Voir l'*Instruction* en tête du *Manuel de l'Élève*)

ch ph gn ill

qu gu

bb cc dd ff gg nn pp rr

ss tt th rh d'h j'h l'h n'h

Exercice

ch	**gn**	**ph**	**ill**	**gu**	**qu**	**ph**	**ch**
qu	**ph**	**gn**	**qu**	**gn**	**ch**	**ill**	**gu**
ill	**gu**	**ill**	**ph**	**ch**	**gn**	**bb**	**ch**
cc	**ph**	**dd**	**ill**	**th**	**d'h**	**ll**	**j'h**

Syllabes formées d'une consonne composée suivie d'une voyelle simple, composée ou nasale

(Voir l'*Instruction* en tête du *Manuel de l'Élève*)

chan	**phy**	**quan**	**illou**	**qu'on**	**que**	**chai**	**phe**
illon	**gnou**	**guy**	**qui**	**chau**	**pha**	**gnai**	**illi**
qu'i	**chai**	**guim**	**que**	**gnè**	**bbé**	**illa**	**gui**
quan	**phé**	**illan**	**phon**	**choi**	**phy**	**chou**	**ddin**
ccou	**ffan**	**d'ha**	**j'ho**	**l'hu**	**rho**	**thé**	**llon**
mmi	**nne**	**ppen**	**thê**	**guin**	**illon**	**cham**	**ppou**
gné	**illan**	**the**	**che**	**sson**	**châ**	**phon**	**chou**
llon	**phan**	**chain**	**que**	**quin**	**ille**	**gnou**	**thieu**
guin	**rhin**	**j'hi**	**n'ha**	**thé**	**ssou**	**pho**	**gui**
chou	**quan**	**illou**	**guim**	**mme**	**phy**	**d'ha**	**choi**

Paris. — Chez l'Auteur, 2, rue Tronchet. Imprimerie de Ad. Lainé et J. Havard, rue des Saints-Pères, 19.

MÉTHODE DE LECTURE AVEC OU SANS ÉPELLATION

(4e *Édition*) **Par A. GRESSE, ancien instituteur** (10me *Tableau*)

RÉSUMÉ DU 7e ET DU 9e TABLEAU

an in on un ym em yn om im ein um am ain eun en aim
ch cc ph ff gn gu ll ill qu bb dd pp ss rh th m'h

Mots à lire.			*Phrases à lire.*
an che	a gneau	amphore	Philippe chanta la chanson.
ba gue	bâ illon	baignoire	Séraphine acheta un peigne.
co que	ca illou	chaussure	J'ai dérouillé mon couteau.
di gne	dou ille	dérouillé	Napoléon gagna la bataille.
é chu	é vê que	futaille	Le château sera magnifique.
fi gue	feu ille	guipure	Voilà le château d'Agathe.
gui de	gui don	houillère	Dominique a lu le feuilleton.
ha che	hou ille	indigne	Le quinquina a guéri papa.
lo que	lan gue	mâchoire	Voilà du vin de Champagne.
ma ille	mou che	nautique	Pamphile a soigné Mathieu.
na tte	nym phe	paillasse	Agathe achète une guimpe.
po che	pei gne	rognure	Je t'achèterai un chapeau.
qui tte	quin ze	enseigne	J'habiterai la campagne.
ru che	rhu me	pirogue	Je commande le bataillon.
si gne	si phon	bataille	Voilà un beau médaillon.
to que	ta quin	châtaigne	Jean a vendu son agneau.
va che	tan che	méthode	Le Rhône a inondé la ville.
a bbé	pi gnon	tenaille	Jean aura un bon rhume.
bo tte	bou che	hachure	Mathieu a une futaille vide.
ca ché	chau ve	conquête	La vache soignera le veau.
pha re	re quin	montagne	Le phare guide le vaisseau.
ro gné	pho que	vaisseau	La houille chauffe le salon.
pa ille	guim pe	chausson	J'habiterai le Dauphiné.
cha tte	mi gnon	manchon	Mon thé de Chine sera bon.
thè me	sou ché	tonneau	Voilà une bonne châtaigne.
ba ssin	châ teau	bouillotte	La méthode guide Léon.
pê che	ha illon	chérubin	Fanchon me donna du thé.

Paris. — Chez l'Auteur, 2, rue Tronchet. Imprimerie de Ad. Lainé et J. Havard, rue des Saints-Pères, 19.

MÉTHODE DE LECTURE AVEC OU SANS ÉPELLATION

(4e *Édition*) **Par A. GRESSE, ancien instituteur** (11me *Tableau*)

Syllabes formées d'une voyelle suivie d'une consonne

(Voir l'*Instruction* en tête du *Manuel de l'Élève*)

ab	**ac**	**ad**	**af**	**ag**	**al**	**ap**	**ar**	**as**	**ax**
ob	**oc**	**od**	**of**	**og**	**ol**	**op**	**or**	**os**	**ox**
ib	**ic**	**id**	**if**	**ig**	**il**	**ip**	**ir**	**is**	**ix**
ub	**uc**	**ud**	**uf**	**ug**	**ul**	**up**	**ur**	**us**	**ux**
eb	**ec**	**ed**	**ef**	**eg**	**el**	**ep**	**er**	**es**	**ex**

---

aug	**aul**	**aur**	**aus**	**ouc**	**oug**	**oul**	**our**
ous	**eul**	**eur**	**œuf**	**œur**	**oil**	**oir**	**air**
euil	**ail**	**eil**	**œil**	**eph**	**anc**	**inc**	**onc**

Syllabes formées d'une voyelle précédée et suivie d'une consonne

(Voir l'*Instruction* en tête du *Manuel de l'Élève*)

bal	**cor**	**dur**	**fil**	**gar**	**her**	**jus**	**lac**
mol	**nul**	**par**	**roc**	**sac**	**tic**	**vol**	**bac**
col	**dar**	**fol**	**gur**	**hor**	**jar**	**luc**	**mur**
nec	**pur**	**rir**	**sec**	**toc**	**vif**	**ber**	**coq**
duc	**fal**	**gor**	**hal**	**lec**	**mil**	**nul**	**sic**
paul	**joug**	**bouc**	**peur**	**noir**	**toul**	**seul**	**cœur**
voir	**bœuf**	**soir**	**mail**	**tour**	**pour**	**choir**	**pair**
neuf	**jonc**	**luth**	**sanc**	**meil**	**mail**	**tinc**	**donc**
coph	**gnal**	**chef**	**sœur**	**tour**	**chair**	**poil**	**thyr**
noir	**theur**	**sour**	**char**	**gneul**	**saul**	**teur**	**nheur**

Paris. — Chez l'Auteur, 2, rue Tronchet. Imprimerie de Ad. Lainé et J. Havard, rue des Saints-Pères, 19.

MÉTHODE DE LECTURE AVEC OU SANS ÉPELLATION

(*4e Édition*) **Par A. GRESSE, ancien instituteur** (**12me** *Tableau*)

RÉSUMÉ DU 11e TABLEAU

ab oc id uf eg al op ir us ex ob ic ud ef ad

aul eur œuf eph anc oil our air ail eil œil onc

Mots à lire.

ar me	**ar deur**	**amiral**
bor ne	**bal con**	**bordure**
car te	**car ton**	**dégarni**
del ta	**dor toir**	**énorme**
é mail	**che val**	**faculté**
for te	**far deau**	**gardefou**
gar de	**gour din**	**inactif**
her be	**au teur**	**insecte**
ar che	**jour nal**	**lanterne**
mor te	**li queur**	**marmite**
na dir	**mar tyr**	**nocturne**
or me	**bon soir**	**ouverte**
per te	**vau tour**	**récolte**
sol de	**rec teur**	**virgule**
tex te	**sa peur**	**tartine**
ur ne	**tour noi**	**cultivé**
val se	**con teur**	**vacarme**
a zur	**lor gnon**	**alambic**
bar be	**lec teur**	**énigme**
cor de	**pou voir**	**observé**
fa nal	**tam bour**	**lecture**
ca nif	**char bon**	**correcte**
bo cal	**ver meil**	**captive**
tar te	**ser mon**	**arsenal**
fer me	**ri gueur**	**fauteuil**
ca nal	**mi roir**	**superbe**
mar di	**bon jour**	**capitoul**

Phrases à lire.

J'ai une lanterne sourde.
Voilà un insecte sur l'herbe.
Le remède calme la douleur.
Je lirai le journal le soir.
Martin boira la liqueur.
Victor a vu le conducteur.
Sylvain écouta le sermon.
Samuel portera le fardeau.
Voilà un tambour-major.
J'ai une lampe de vermeil.
Martin a perdu son lorgnon.
Paul déchira son mouchoir.
Firmin sera venu me voir.
Adolphe a retourné la carte.
Daniel a obtenu la palme.
Mathilde a perdu sa bourse.
J'ai dormi sur le fauteuil.
Luc sera de retour mardi.
Arthur a vu le colporteur.
Urbain a gardé mon cheval.
Voilà le cordon de Michel.
Mon canif n'a qu'une lame.
J'irai m'asseoir sur l'herbe.
J'ai fermé la porte du salon.
Paul a cultivé mon jardin.
Hector sera un bon lecteur.
Chacun portera son fardeau.

Paris. — Chez l'Auteur, 2, rue Tronchet. Imprimerie de Ad. Lainé et J. Havard, rue des Saints-Pères, 19.

Consonnes doubles et triples

(Voir l'*Instruction* en tête du *Manuel de l'Élève*)

bl	cl	fl	gl	pl	br	cr	dr	fr
gr	pr	tr	vr	sb	sc	sl	sm	sp
st	sv	ps	pn	mn	ccl	ffl	ppl	bbr
ccr	ffr	ppr	ttr	phl	phr	thr	scl	scr
spl	spr	sgr	str	sth	sph	squ	chl	chr

Exercice

bl	br	cl	cr	fl	fr	gl	gr	dr
pl	pr	tr	vr	sb	sc	sl	sm	sn
st	sv	ccl	ffl	scl	str	ppl	ccr	sgr
ps	pn	ffr	spl	thr	ppr	chl	ttr	scr
chr	phl	sph	sfr	phr	mn	squ	ps	sth

Syllabes formées d'une consonne double ou triple suivie d'une voyelle quelconque.

(Voir l'*Instruction* en tête du *Manuel de l'Élève*)

bla	clou	flan	glou	grou	brin	croi	drin
flan	plé	prê	train	vro	sbi	scan	sta
smo	stuc	spar	svel	spho	sque	sbla	sclé
sfla	splin	sbrè	scru	sfri	sgra	spro	stré
phlé	phry	chlo	chré	thra	blir	bleau	cly
psau	crou	plin	frau	froi	brou	trom	sty
sphè	flû	stè	prun	dré	chro	mné	phra
stin	pneu	spec	prou	glai	frai	bloc	crac
glu	psal	trou	clan	brun	chry	clai	frein
grain	fron	plan	broc	crin	thra	splen	plom

Paris. — Chez l'Auteur, 2, rue Tronchet.

Imprimerie de Ad. Lainé et J. Havard, rue des Saints-Pères, 19.

MÉTHODE DE LECTURE AVEC OU SANS ÉPELLATION

(4e *Édition*) **Par A. GRESSE, ancien instituteur** (14me *Tableau*)

RÉSUMÉ DU 13e TABLEAU

bl	**cl**	**fl**	**gl**	**pl**	**br**	**cr**	**dr**	**fr**	**gr**	**pr**	**tr**	**vr**
sb	**sc**	**sl**	**sm**	**sn**	**sp**	**st**	**sv**	**ps**	**chl**	**chr**	**sph**	**squ**

Mots à lire.

ar bre	**am bre**	**agricole**
bri de	**bran che**	**brochure**
cri ble	**crain te**	**troupeau**
drô le	**droi te**	**chlorure**
en cre	**en train**	**patrouille**
flo tte	**fein dre**	**scorpion**
gloi re	**glou ton**	**grenouille**
hy dre	**grou pe**	**spectacle**
ai gle	**chi ffre**	**octobre**
tri ple	**tem ple**	**jongleur**
mè tre	**bru sque**	**novembre**
no ble	**plom bé**	**mercredi**
on cle	**phil tre**	**fleuriste**
plâ tre	**psau me**	**vendredi**
ru stre	**re frain**	**problème**
sa bre	**spa sme**	**épreuve**
trè fle	**trem pé**	**perdreau**
a vril	**fla mme**	**brouillon**
bro che	**ta bleau**	**plaintive**
clo che	**spec tre**	**chevreau**
dé clin	**pein dre**	**pratique**
en flé	**tran che**	**mitraille**
flû te	**gra ppe**	**chapitre**
glo be	**trou pe**	**gravure**
stè re	**sphè re**	**sphérique**
scri be	**mar bre**	**scandale**
sto re	**plan che**	**tribunal**

Phrases à lire.

Mon frère prendra son livre.
Claude traversa Grenoble.
Grégoire prêta sa plume.
J'ai vu votre bibliothèque.
Je prendrai de l'encre noire.
André me prêta son sabre.
Paul tremble d'être trompé.
Blanche écrira au tableau.
Frédéric a sonné la cloche.
Il apprendra l'orthographe.
Clotilde entonna un psaume.
André consulta son oncle.
Silvestre approuva le motif.
Franc a planté une branche.
Prête-moi ta plume neuve.
André a une table ronde.
Je prendrai Claire lundi.
Frédéric travaille avec moi.
La chèvre broutera l'herbe.
Voilà une corde de chanvre.
Ma chambre sera froide.
Mon flambeau t'éclairera.
La flamme a brûlé ton livre.
J'ai trouvé un clou rouillé.
Prosper a semé du trèfle.
Clara me donne sa brioche.
J'ai vu le drapeau tricolore.

Paris. — Chez l'Auteur, 2, rue Tronchet. Imprimerie de Ad. Lainé et J. Havard, rue des Saints-Pères, 19.

MÉTHODE DE LECTURE AVEC OU SANS ÉPELLATION

(4e *Édition*) **Par A. GRESSE, ancien instituteur** (15me *Tableau*)

Exceptions et difficultés diverses.

(Voir l'*Instruction* en tête du *Manuel de l'Élève*)

c = s *devant* **e, é, è, ê, i, y.**

face	noce	cygne	cendre
race	cène	cime	citron
cela	cité	scène	cyclope
ceci	cire	pièce	civilité

g = j *devant* **e, é, è, ê, i, y.**

page	ange	gypse	gendre
rage	giron	fange	girafe
gêne	songe	rouge	origine
gage	vengé	genou	gencive

s = z *entre deux voyelles.*

aise	pose	cause	voisin
base	rusé	chose	maison
dose	thèse	fraise	cousin
mise	vase	toison	rasade

e = è *devant deux consonnes semblables.*

belle	nette	tresse	adresse
cette	pelle	nielle	bretelle
dette	serre	presse	caresse
messe	telle	nacelle	chapelle

en = in *dans des mots tels que les suivants:*

mien	lien	chien	amen
tien	rien	Julien	hymen
sien	Agen	Lucien	aérien
bien	Eden	Indien	chrétien

er *et* **ez = é** *à la fin des mots.*

aimer	aimez	verger	revenez
berger	servez	poirier	cerisier
cerner	prenez	manger	chanter
danser	restez	songer	étudiez

est *comme* **è; et** *comme* **é.**

Dieu est juste et bon. Priez-le soir et matin. Le ciel est pur et serein. Aide-toi et Dieu t'aidera. Le travail est un trésor et un ami. La faim est un bon cuisinier. Une promesse est une dette.

es = è *dans les mots d'une syllabe.*

Les lettres en italiques ne se prononcent pas.

mes lime*s*	ces race*s*	mes larme*s*
tes latte*s*	les dalle*s*	tes rente*s*
ses rose*s*	des corde*s*	ses chaise*s*
des ride*s*	les perle*s*	des ronde*s*

et = è *à la fin des mots.*

baquet	livret	secret	hoquet
coquet	piquet	toupet	inquiet
déchet	minet	violet	onglet
loquet	sifflet	trajet	projet

ent = e *à la fin des verbes.*

il*s* lavent	il*s* rêvent	il*s* posent
elle*s* lisent	elle*s* fixent	elle*s* lurent
il*s* dînent	il*s* sèment	il*s* parlent
elle*s* savent	elle*s* disent	elle*s* passent

e *est nul après le* **g** *devant* **a, o.**

il songea	engeance	il corrigea
un pigeon	bourgeois	je rangeai
je logeai	rougeole	nageoire
plongeon	bourgeon	mangeoire

y = ii *après une voyelle. Le premier de ces* **i** *appartient à la syllabe qui précède et l'autre à la syllabe qui suit.*

boyau	aloyau	citoyen	royaume
doyen	crayon	paysage	mitoyenne
tuyau	moyen	loyauté	croyance
rayon	paysan	joyeuse	déloyauté

ch = c; x = gz; e *suivi de* **x = é**

dans certains mots tels que les suivants :

chaos	choriste	exemple	archange
chœur	exergue	orchestre	Charybde
exorde	choléra	exercice	exigence

t = s *devant une diphtongue commençant par* **i.**

action	faction	caution	partial
nation	section	portion	partiel
potion	fiction	friction	captieu*x*
ration	motion	fraction	factieu*x*

ç = s; oï = o, i; aï = a, i; aü = a, u.

Moïse	Esaü	façade	soupçon
façon	je reçus	Caraïbe	haïssable
Zoïle	rançon	je haïrai	j'avançai
leçon	Héloïse	il menaça	mosaïque

Principales abréviations.

M. Monsieur	**S. M. Sa Majesté**
Mme Madame	**S. A. Son Altesse**
Mlle Mademoiselle	**S. E. Son Excellence**
MM. Messieurs	**S. S. Sa Sainteté**

Les autres exceptions s'apprendront par l'usage.

Paris. — Chez l'Auteur, 2, rue Tronchet. Imprimerie de Ad. Lainé et J. Havard, rue des Saints-Pères, 19.

MÉTHODE DE LECTURE AVEC OU SANS ÉPELLATION

(4e *Édition*) **Par A. GRESSE, ancien instituteur** (16me *Tableau*)

LECTURE COURANTE

Proverbes, Sentences et Maximes.

**Aimez Dieu de tout votre cœur.
Honorez votre père et votre mère.
La piété est le tout de l'homme.
Un bienfait n'est jamais perdu.
Qui donne vite donne deux fois.
Fais le bien et tu en seras loué.
Dieu est dans tous les lieux.
Tout ce que nous avons vient de lui.
Ce que Dieu garde est bien gardé.
L'enfant sage est la joie de sa mère.
Respectons les cheveux blancs.
Rien n'est beau que le vrai.
Le vrai seul est aimable.
L'insensé méprise l'instruction.
Il faut bien faire et laisser dire.
Le bien mal acquis ne profite pas.
Il n'y a pas de roses sans épines.
Un métier vaut un fonds de terre.
Petit à petit l'oiseau fait son nid.
Qui se ressemble s'assemble.
La bonne réputation vaut de l'or.
Entends d'abord et parle après.
Celui-là est riche qui est content.
Il n'y a pas de plaisir sans peine.
L'habitude est une seconde nature.
Un peu, répété souvent, fait beaucoup.
La goutte d'eau creuse le rocher.
Dieu n'abandonne pas les siens.
Sème si tu veux moissonner.
L'habit ne fait pas le moine.
Le paresseux dit : Je ne puis pas.
Soyez indulgent envers les autres.
A quelque chose malheur est bon.
Qui paie ses dettes s'enrichit.
Tout ce qui reluit n'est pas or.
A l'impossible nul n'est tenu.
Le bel oiseau se fait lui-même.
Il vaut mieux tard que jamais.
Qui donne mal ne donne rien.
A l'œuvre on connaît l'artisan.
Le paresseux est toujours pauvre.
La rouille use plus que le travail.
Il n'y a que les sots qui se vantent.
Qui est borgne plaint les aveugles.
Pour un plaisir, mille douleurs.
Cherche le bien, attends le mal.
Un malheur ne vient jamais seul.
Premier à table, dernier au travail.
Le menteur n'est jamais écouté.
La main paresseuse appauvrit.
La main des diligents enrichit.
Ne te vante point du lendemain.
Le cœur joyeux embellit le visage.
Une réponse douce apaise la fureur.
Le soleil luit pour tout le monde.
Il faut que tout le monde vive.
C'est l'intention qui fait l'action.
Chacun est artisan de sa fortune.
Chaque oiseau trouve son nid beau.
Les malheurs se détournent de loin.
Paris ne s'est pas fait dans un jour.
Qui va doucement va sainement.
Qui va sainement va longtemps.
Chacun porte sa croix en ce monde.
Deux sûretés valent mieux qu'une.
Après la pluie vient le beau temps.
L'homme s'agite et Dieu le mène.
Les bons comptes font les bons amis.
Mauvais serviteur, mauvais maître.
Celui-là est riche qui ne doit rien.
Il vaut mieux se taire que mal parler.
N'accusons jamais la Providence.
En forgeant on devient forgeron.
Ne jugeons pas sur l'apparence.
Contentement passe richesse.
Homme sans éducation, corps sans âme.
Pardonne tout à tous et rien à toi.
De deux maux il faut éviter le pire.
Qui cherche le danger y périra.
L'homme propose et Dieu dispose.
Le temps perdu ne se retrouve pas.
Aime les autres comme toi-même.
N'abandonne pas le malheureux.
Nul ne peut servir deux maîtres.
Persévérance mérite récompense.
L'oisiveté est la mère de tous les vices.
L'ignorant croit tout savoir.
Ne rends pas le mal pour le mal.
Ne quitte pas le certain pour l'incertain.
Crains Dieu et détourne-toi du mal.
L'Éternel est pour ceux qui l'aiment.
Mon fils, garde ses commandements.**

Paris.— Chez l'Auteur, 2, rue Tronchet. Imprimerie de Ad. Lainé et J. Havard, rue des Saints-Pères, 19.

1er TABLEAU.

NOUVELLE MÉTHODE DE LECTURE SIMPLIFIÉE

Par A. TOURAULT, Directeur du Pensionnat de l'*Immaculée-Conception*, à Nantes.

ARTICULATIONS SIMPLES.

Capitales et Minuscules.

C(1) K Q P D B F G(2) H J

prononcez c ke q pe de be fe gue he je

prononcez me ne le re se te ve xe ze

M N L R S T V X Z

Articulations composées seulement dans la forme.

Ch gn ill ph

PêCHE viGNE feuILLE JosePH

Sons ou Voyelles simples.

A E I Y O(3) U

prononcez année eu ici yole ogre une

Accents.

´ ^ `

aigu circonflexe grave

Voyelles accentuées.

âne été île ève ôté être

(1) C cédillé ou suivi de *e, i, y* se prononce *se*, maçon, façade, ceci, blanc comme un cygne.
(2) G suivi de *e, i, y* se prononce *je, gaGe, Girafe, Gymnase, Gymnastique.*
(3) O, sans accent, se prononce comme dans le mot *robe.*

Nantes, imp. V. DE COURMACEUL, rue Santeuil, 8.

3e TABLEAU.

NOUVELLE MÉTHODE DE LECTURE SIMPLIFIÉE

Par A. TOURAULT, Directeur du Pensionnat de l'*Immaculée-Conception*, à Nantes.

Sons composés et inséparables.

Faire lire ces sons composés d'abord de gauche à droite, puis de droite à gauche, en intervertissant l'ordre pour éviter que les élèves n'apprennent par cœur.

ab ac el oc ad of ul ic us ob if il ur or ef at op is ex uf ir es eb er.

Absurdité, objecter, atmosphère, octave. Auguste est actif. Ce calcul est facile. Apporte le purgatif. La cocarde du caporal. Admire ces bocaux et ce magnifique bol de porcelaine de Chine. La culture de la vigne. Le golfe de Gascogne. Tu aspirais à devenir riche. Le major a perdu sa superbe épée. La jolie pharmacie de papa. Chaque élève a ses qualités et ses défauts. Il taillera cet arbuste. J'ai vu le bel archevêché de Bordeaux. Ève pécha et se cacha. Remy a imité le parafe de la reine d'Espagne. La captivité de Babylone. Le règne de David. Anatole est à l'autel de Marie. Dominique a reçu de beaux cadeaux.

bl br cl chl(1) cr chr(1) dr fl fr gl gr pr pht sc st cs scr sp spl tr str

fable sabre cercle clôture chlore cric crac chrétien prêtre scapulaire globe fleuve scie scolaire scribe sceptre sciage statue scrutin stratagème. Ce cheval s'est scabré.

(1) *ch*, suivi d'une consonne, se prononce *que : chlorose, chrome*, et dans les mots qui dérivent du latin et de l'hébreu, exemple : *Brachium, chorus, cham, chaldée*, etc.

Nantes, imp. V. DE COURMACEUL, rue Santeuil, 8.

4e TABLEAU.

NOUVELLE MÉTHODE DE LECTURE SIMPLIFIÉE

Par A. TOURAULT, Directeur du Pensionnat de l'*Immaculée-Conception*, à Nantes.

Voyelles composées.

en am em	ou ous	ain im ein	eur œur
an	Vous	in	Sœur

on om un oi oir io ia ié iè ui iu

ian ien(1) ieu oui uin ieur our

splendeur enclume ancre flambeau temple pain bain daim faim peintre simple roi son sou vous Autun parfum leur peur leurs pour lourd sourd foin loin la diète viande une patience. Adore le bon Dieu, reconnais sa puissance. Il fait noir à minuit. Mes enfants, soyez(2) *pieux*, la piété convient à tous les âges et à tous les sexes. Le sable brûlant de l'Afrique. La sœur de charité. Le silence du cloître. La douce harmonie des esprits bienheureux. Le flambeau des nuits éclaire la montagne. Nous sommes les enfants des Saints. Si l'on vous demande: Etes-vous chrétien? répondez : Oui. Si l'on vous ridiculise quand vous ferez bien, moquez-vous des rieurs. J'ai soin de faire ma prière le matin et le soir. Ne fais pas à ton frère ce que tu ne voudrais pas qu'il te fît. Gaëte(3) est une ville de l'Italie.

(1) *en*, précédé de *i*, *y*, se prononce *in* : le *mien*, le *tien*, le *doyen*, etc , excepté *patience* et quelques autres mots.

(2) *y*, dans le corps des mots, se prononce comme deux *i* : *soyez*, *pays*, etc. Voilà pourquoi on appelle souvent cette voyelle *i double*.

(3) Toute voyelle surmontée d'un tréma se prononce seule : *haï*, *naïveté*; ou forme syllabe avec la lettre ou les lettres qui suivent : *Noël*, *Raphaël*, *Saül*, etc.

Nantes, imp. V. DE COURMACEUL, rue Santeuil, 8.

NOUVELLE MÉTHODE DE LECTURE SIMPLIFIÉE

Par A. TOURAULT, Directeur du Pensionnat de l'*Immaculée-Conception*, à Nantes.

Sons surcomposés.

anc erf arc isc ist onc urc ours aps.

EXERCICE ET RÉCAPITULATION.

Adore Dieu, honore tes parents : ils tiennent(1) ici-bas sa place. Sois reconnaissant envers tous ceux qui te font du bien. Nous devons avoir beaucoup de vénération pour les prêtres et toutes les personnes consacrées à Dieu par les vœux de religion. Le temps, qui affaiblit tout, fortifie nos mauvaises(2) habitudes. Oublie le bien que tu as fait, pense à celui que tu aurais dû faire et à celui que tu dois faire encore. Grave, sur l'acier, les services que tu reçois, et, sur la poussière, ceux que tu rends à ton prochain. Remercie le Créateur(3) de t'avoir fait naître d'une famille chrétienne et vertueuse. L'Evangile ordonne de sanctifier le jour du Seigneur. Le renard trompa le corbeau et mangea son fromage. Le cerf altéré court après les ruisseaux limpides. L'arc a décoché et la flèche a frappé le point de mire. Sur le mulet du fisc, une troupe se jette. Du Christ, avec ardeur, Jeanne baisait l'image. Clovis reçut l'onction royale des mains de Saint Remi, évêque de Reims. L'ours blanc de la ménagerie. Un Turc est un habitant de la Turquie. Je m'abstiendrai de ce qui peut nuire à la santé du corps, ainsi qu'à celle de l'âme. Nous sommes tous les enfants bien-aimés du Pape, du Pontife-Roi : aimons ce Père vénérable et vénéré, ouvrons-lui nos cœurs et nos bourses.

(1) Faire remarquer aux élèves, qu'une double consonne se prononce comme une seule et appartient à la voyelle qui suit : *tiennent, comme, personne,* faites prononcer *tièNNE, coMME, persoNNE,* etc.

(2) En général, le *S,* entre deux voyelles, se prononce *Z : rose, ruse, maison,* etc. L'usage fera connaître les exceptions.

(3) A la fin des mots, il n'y a que les articulations *l, r, f, c, m, n,* qui se prononcent : *bol, mur, canif,* etc.

Nantes, imp. V. DE COURMACEUL, rue Santeuil, 8.

NOUVELLE MÉTHODE DE LECTURE SIMPLIFIÉE

Par A. TOURAULT, Directeur du Pensionnat de l'*Immaculée-Conception*, à Nantes.

Conseils aux Enfants.

En vous éveillant le matin, mes petits amis, faites le signe de la croix, saluez votre Ange-Gardien et donnez votre cœur à Dieu. Pensez en sa bonté pour vous : c'est lui qui vous a créés, qui vous a donné un bon Père, une excellente Mère. Il les a conservés pendant la nuit, comme il vous a conservés vous-mêmes, témoignez-lui votre reconnaissance. Habillez-vous promptement et modestement. Mettez-vous à genoux devant une image de Notre-Seigneur ou de la Sainte Vierge pour y faire votre prière. Si, dans votre famille, on a la bonne habitude de la faire en commun, ne manquez pas de vous y trouver. Puis allez respectueusement embrasser vos bons parents. Demandez-leur comment ils ont passé la nuit, s'ils ont bien dormi, etc. Prenez ensuite la résolution(1) d'éviter, pendant la journée, tout ce qui pourrait déplaire à Dieu, vous causer du remords et contrister le cœur si tendre de votre bonne mère. Ces premiers devoirs étant remplis, mes enfants, disposez-vous à une obéissance parfaite. D'abord, en prenant la nourriture qui vous sera présentée, sans dire : Je ne veux pas ceci, j'aime mieux cela. Si l'on vous commande quelque chose, acquittez-vous-en ponctuellement et avec joie. Soyez d'une extrême politesse envers tout le monde, et sachez que la politesse est à l'esprit ce que la grâce est au visage. Si on vous le commande, rendez-vous à l'école. Là, comme partout, soyez sages et obéissants. Ne regardez pas votre Maître comme un mercenaire, mais bien comme le représentant de votre Père, comme le mentor que le Ciel vous a donné pour diriger votre enfance, vous faire acquérir l'instruction dont vous aurez plus tard besoin, former votre éducation(1) et vous initier(1) à la connaissance et à l'amour de Dieu et du prochain.

Voilà, mes jeunes amis, que vous connaissez les principes et les difficultés de la lecture élémentaire; il est temps de vous initier à la lecture du latin, et à la lecture courante.

Pour cela, je vous compose un second livre qui, je crois, vous instruira et vous amusera tout à la fois.

(1) Le *t* se prononce souvent *s* devant *ial, iel, ien, ieux, ion :* impartial, confidentiel, patience, minutieux, collation.

Nantes, imp. V. DE COURMACEUL, rue Santeuil, 8.

www.ingramcontent.com/pod-product-compliance
Ingram Content Group UK Ltd.
Pitfield, Milton Keynes, MK11 3LW, UK
UKHW032002260826
14628UKWH00005B/2229